Comte de CHARENCEY

YAMA, DJEMSCHID

ET QUETZALCOATL

CAEN

IMPRIMERIE CHARLES VALIN

1898

Comte de CHARENCEY

YAMA, DJEMSCHID

ET QUETZALCOATL

CAEN

IMPRIMERIE CHARLES VALIN

1898

YAMA, DJEMSCHID
ET QUETZALCOATL

L E culte de *Yama* paraît avoir été commun, dès l'origine, aux Indiens et aux Iraniens, alors qu'ils ne formaient encore qu'une seule nation ; mais c'est certainement dans la vallée du Gange que cette déité semble avoir le plus fidèlement gardé son caractère primitif.

Yama était le dieu, le roi des morts, le Pluton de la mythologie hindoue (1), et son nom signifiait littéralement « le Dompteur ». Cette appellation convenait assez au monarque du sombre séjour, auquel nul être vivant ne saurait résister. Toutefois, comme il existe en sanscrit un terme à peu près homophone signifiant « jumeau », on s'est

____

(1) M. Max Mueller, *Nouvelles leçons sur la Science du langage*, trad. de MM. G. Harris et Perrot (11ᵉ leçon), p. 267. (Paris, 1860.)

plu parfois à rendre par ce mot le nom de *Yama*. La méprise étymologique, sur ce point, remonte fort haut, car elle a déjà été commise par les rédacteurs du *Rig-Véda* (1).

Une fois cette traduction acceptée, il fallut bien chercher, tout au moins, une sœur à *Yama*. On la rencontra dans *Yami*, assimilée à la nuit, tandis que son frère, devenu la personnification du jour, se trouvait parfois même confondu avec *Agni*, le dieu du feu (2).

Il se pourrait bien que l'usage de brûler les cadavres eût contribué à ce rapprochement entre le Pluton hindou et la divinité de l'élément igné.

Quoi qu'il en soit, *Yami* aurait voulu épouser son jumeau; mais ce dernier refusa de se rendre à ce désir, jugeant que ce ne serait pas moral de sa part (3). Les auteurs du *Rig* n'auraient-ils pas voulu, en nous racontant cette anecdote, flétrir les unions entre parents proches, si fort en honneur chez les Perses, mais regardées comme incestueuses presque partout ailleurs ?

En tout cas, la vieille déité aryo-iranienne change notablement de caractère chez les sujets des Achéménides : le Zend-Avesta la connaît sous le nom de *Yima* ou *Yima Kschaëta*, littéralement « Yima, roi », le Boundehech, sous celui de *Yim*; Firdousi, dans son *Schah-Nameh*, transforme le *Yima Kschaëta* du Zend en *Djemschid*.

Tous ces ouvrages font du personnage en question, non plus comme les Indiens, le premier des morts ou des mortels, mais bien le plus glorieux et le plus puissant

---

1) *Ibid.*, p. 263 et *Rig-Véda*, I. 66, 4.
2) *Ibid.*, p. 261.
3) *Ibid.*, p. 262 et *Rig-V.*, X, 110, 12.

des monarques de l'Iran, et surtout le modèle des
inventeurs. Son règne, qui dura trois siècles ou sept,
suivant d'autres, fut pour la Perse un véritable âge d'or.
Pendant tout ce laps de temps, les hommes cessèrent
d'être sujets à la maladie et à la mort. Législateur consommé,
Djemschid organisa la hiérarchie sociale ; à la tête de la
nation, il plaça la caste des *Amusian*, prêtres ou docteurs,
jouant un rôle analogue à celui des brahmes dans la vallée
du Gange.

Grâce à l'empire qu'il exerçait, aussi bien que le
Salomon des traditions musulmanes, sur les *Dives* ou
mauvais génies, le grand monarque força ceux-ci à mêler
ensemble la terre et l'eau pour fabriquer des briques. Il
les obligea également à lui construire un trône tout incrusté
de joyaux, et qui s'élevait de terre jusqu'à la voûte céleste.
Ce prince possédait d'ailleurs un talent tout particulier
pour découvrir les pierres précieuses, qu'il séparait des
autres grâce à des connaissances en magie. Les hommes
lui doivent encore la connaissance de l'art de fabriquer
toutes sortes d'armes, de tisser des étoffes de soie, de lin
et de riche brocart (1).

Cependant, les soins du gouvernement n'éteignirent pas
dans Djemschid le goût des voyages, et nous le voyons
employer cinquante-six années de sa vie à visiter les pays
étrangers.

Néanmoins, un règne si brillant devait finir misérable-
ment, et cela par la faute même du monarque. Firdousi
entre même, à ce propos, dans de longues dissertations

---

(1) Firdousi, *Le livre des rois*, trad. de J. Mohl, t. Iʳ, liv. IV, p. 49
et suiv. (Paris, 1838.)

sur l'instabilité des choses humaines. Les Rivayêts et le Schah-Nameh sont d'accord pour nous dire qu'il s'attira le courroux céleste en se figurant être dieu et prétendant se faire adorer comme tel (1).

Lorsque, faisant un retour sur lui-même, le coupable monarque voulut implorer le pardon de son crime, il était trop tard : le temps de la miséricorde se trouvait à tout jamais passé. Déjà la couronne venait de lui être ravie par le chef arabe Zôhak. Ce dernier, identique au Dâhak du Boundehesch, n'est autre chose que l'*Aji-Zâhaka* ou « Serpent terrible » des Mazdéens, le *Ahi* des Hindous (2). Emblème, sous ces deux noms, du nuage noir qui retient les eaux célestes et les empêche de venir féconder la terre, il ne joue plus dans le Schah-Nameh que le rôle purement anthropomorphique d'un conquérant et d'un usurpateur. Avant de renverser Djemschid, qui ne put lui opposer aucune résistance, Zôhak s'était déjà, sur les conseils d'*Iblis*, c'est-à-dire du diable en personne, rendu coupable du meurtre de son propre père.

Du reste, ce ne fut pas le seul crime qu'Iblis fit commettre au tyran. En ce temps-là, les hommes ne vivaient que de végétaux ; ils n'avaient pas cherché dans l'immolation d'innocents animaux, un moyen de satisfaire leur appétit ou leur sensualité. Iblis se présente à Zohak en qualité de cuisinier, et, ses services agréés, commence par lui servir un jaune d'œuf. Le lendemain, l'usurpateur

---

1 *Le livre des rois*, chap. x, p. 60 et suiv. — M. Serge Larionoff, *Histoire du roi Djemschid et des Divs* (trad. du persan), manuscrit n° 1022, *Supplément persan* de la Bibliothèque nationale, p. 59 et suiv. du *Journal asiatique*, t. XIV, 8ᵉ série. (Paris, 1889.)

2 M. Michel Bréal, *Hercule et Cacus*, p. 130, chap. vii. (Paris 1863.)

goûta d'un plat composé de perdrix et de faisans. Nous le voyons, le jour d'après, accepter un ragoût composé de viande d'agneau et d'oiseaux. Cela fait, le diable demanda au chef nomade, en récompense de ses services, la permission de le baiser entre les deux épaules : Zôhak, qui ne se défiait de rien, y consent. Aussitôt sortent de la partie de son corps effleurée par les lèvres d'Iblis deux serpents noirs qui lui causaient d'affreuses souffrances : en vain, le monarque se les fit couper à ras du dos ; les monstres reparurent à l'instant. Après avoir épuisé inutilement l'art de la médecine, le tyran se décida, sur le conseil du diable, à nourrir ces serpents de cervelles humaines ; il espérait par là les faire mourir ou du moins se procurer quelque soulagement : ce fut, nous le verrons tout à l'heure, la cause de sa ruine.

En tout cas, l'on rencontre visiblement, dans ce curieux passage du Schah-Nameh, une réminiscence à la fois peut-être de la Bible, qui nous représente les hommes autorisés seulement après le déluge à faire usage d'une nourriture animale, et de la doctrine hindoue, qui interdit de manger de la viande, surtout de celle des quadrupèdes. Effectivement, en vertu du dogme de la métempsycose, l'on courrait risque de dévorer quelque parent dont l'âme se serait incarnée dans un corps animal.

En outre, il se pourrait bien qu'on retrouve, dans l'histoire des serpents nourris de cervelles humaines, une allusion à ces sacrifices humains qu'ont pratiqués à peu près tous les peuples de l'antiquité.

Mais il est temps d'en revenir aux aventures du monarque détrôné.

Le Boundehesch nous représente *Yim* essayant de se soustraire aux démons et sorciers de l'assemblée de

Dâhak ; comme jadis Caïn proscrit en punition du meurtre d'Abel, il prend la route de l'Orient. Sa sœur Yima ou Yimak l'accompagne. Les mauvais esprits se mettent aussitôt à la recherche du couple fugitif ; ils essayent, mais sans résultat naturellement, de le trouver soit dans les enfers, soit parmi les hommes et les bêtes, sur terre, dans les montagnes et les villes. Sept ans s'écoulent ainsi, que Djem ou Yim et sa sœur Djemi ou Yimak passent dans la tristesse et l'oppression.

Alors Dâhak parla ainsi: « Je pense que Yim voyage dans les régions de l'Océan ». Un démon et une sorcière qui se trouvaient là dirent: « Nous allons chercher Yim ». Ils arrivent en courant dans la contrée de l'eau de Fir ; ils trouvent le monarque déchu et sa compagne couchés à côté d'une fontaine, dans un désert entouré de montagnes. Yim demande aux voyageurs: « Qui êtes-vous » ? Ils lui répondent : « Nous sommes des gens qui, comme toi, avons dû échapper des mains du démon ; nous aussi avons fui loin des mauvais esprits, et maintenant nous voici seuls. Donne-moi ta sœur en mariage, et moi, je te donnerai la mienne ». Frappé de folie, Yim ne s'aperçoit pas à quels personnages il a affaire et consent à ce qu'on lui demande. De son union avec la sorcière naquirent l'ours, le singe, *Gandarep* et *Gôsûbar*; Yimak eut du démon, son époux, la tortue, le chat, le faucon, la grenouille, le charançon, ainsi que beaucoup d'autres êtres nuisibles 1 . Les deux femmes enfantèrent ensuite, avec de grandes douleurs, des créatures à derrière de monstre.

---

1 *The sacred books of the East*, vol. V. *Pahlavi texts*, translat. by M. S. W. West. part. I. p. 87,

Cependant, Yimak s'étant aperçue que le démon était malfaisant, crut nécessaire de demander le divorce.

D'après une version, Ahriman aurait fini par avoir pitié d'elle. L'envoyant dans une caverne, il lui révéla ses destinées, tandis qu'en même temps il frappait un grand nombre de diws, ce qui semble une occupation singulière pour le chef des mauvais esprits. Les deux diws employés à la recherche des fugitifs allèrent en enfer, et les *Drujs* eux-mêmes devinrent moins nombreux.

D'autres racontent les choses d'une manière un peu différente, mais non moins vraisemblable. Un jour que Yim et sa femme la sorcière s'étaient enivrés avec du vin, Yimak changea de nature et revêtit celle de sa belle-sœur. Yim, qui était absolument ivre, ne s'aperçut de rien; il s'unit charnellement à sa sœur, accomplissant ainsi, nous dit l'écrivain persan, la bonne œuvre appelée *Khrétudâd*. La conséquence en fut que beaucoup de démons périrent écrasés ou s'élancèrent pour choir au fond de l'enfer.

Cependant, un siècle s'était écoulé, nous dit le Schah-Nameh, depuis l'usurpation de Zôhak, lorsque Djemschid fut rencontré par Bivâr et Ahriman dans une forêt, sur le rivage de la mer de Chine. Le monarque détrôné se met à pleurer, et demande à Dieu de l'envoyer dans une caverne avec sa sœur: Dieu le cache dans un arbre. Zôhak et le diable malfaisant l'ignoraient, mais Iblis se fait apporter une scie par un menuisier, et, d'un cœur joyeux, se met à scier l'arbre. Lorsque l'instrument approcha du corps de Djemschid, le soleil disparut. Iblis, Zôhak et Bivâr reviennent le lendemain: l'arbre était intact. Par deux fois, à mesure que la scie menace de toucher le corps du fugitif, la nuit se fait; Iblis et Bivâr se décident alors à allumer un grand feu et font mourir Djemschid. Dieu punit le défunt des fautes par lui commises en l'envoyant pendant deux mille ans en enfer avec les diws. Zarathust (Zoroastre) intervient en sa faveur, et fait passer le coupable dans le *Hàmistakàn* ou purgatoire. Il y reste mille ans ; ensuite le Très-Haut le plaça dans le *Garathmàn,* ciel supérieur d'Ormuzd, où il jouit d'une incomparable félicité.

M. Larionoff fait remarquer à quel point le récit de la mort du grand monarque de l'Iran rappelle ceux du trépas d'Isaïe et de Zacharie, tels que nous les ont transmis les historiens arabes en s'inspirant du Talmud. D'après Tabari, Joakim, roi de Juda et successeur d'Ammon, s'étant laissé aller à commettre le mal, ainsi que tout son peuple, Isaïe entreprend de le convertir. Menacé de perdre la vie, le prophète se cache dans un arbre ; mais un pan de son manteau resté en dehors révéla sa présence. Iblis, saisissant ce morceau de vêtement, fait scier arbre et prophète tout à la fois. D'après le Talmud, ce serait Manassé qui aurait ordonné de faire scier Isaïe (1). On nous raconte à peu près les mêmes choses au sujet du prophète Zacharie (2).

Ajoutons que Zôhak, après s'être ainsi débarrassé de son prédécesseur, contraignit les deux filles du malheureux monarque, et célèbres par leur grâce et leur beauté, à devenir ses maîtresses.

Cependant, le Ciel, qui avait si sévèrement châtié Djemschid, ne pouvait laisser impunis les crimes de son meurtrier. Voici quels événements se produisirent :

---

(1) Talmud, trad. de M. Schwab, IX, p. 49.

(2) Tabari, *Chronique* trad. de M. Zottenberg, 1re partie, p. 490, 91 et 551. — L. Zend-Avesta, trad. de Darmsteter, part. II, p. 297.

Deux jeunes gens, destinés à nourrir de leur cervelle les serpents dont il vient d'être question, parviennent à s'échapper et arrivent dans les régions occidentales, où ils donnent naissance à la nation des Kurdes. Ils avaient pour père le forgeron *Karek*, lequel, levant contre le tyran l'étendard de la révolte, se servit de son tablier en guise de signe de ralliement.

Alors apparaît *Féridoun* (le *Thraétona* du Zend-Avesta), de l'ancienne famille royale, et dont le père avait péri victime de la cruauté de Zôhak (1). Condamné, lui aussi, à servir de pâture aux serpents, il échappa par la fuite au sort qui le menaçait, et mena longtemps une vie errante. Enfin, les circonstances étant devenues plus favorables, il lève une armée. Assisté de ses deux frères, il défait les troupes de l'usurpateur, s'empare de ce dernier et l'enferme dans une caverne du mont *Damavend*.

Ajoutons que l'étude comparée avec d'autres légendes de même origine semble bien attester, sur ce point, un emprunt fait par le récit persan à celui de la Bible concernant la malédiction de Cham : c'est ce que nous nous efforcerons d'établir tout à l'heure.

Quoi qu'il en soit, une version de l'histoire de Zôhak a été recueillie dans l'Inde occidentale, à savoir chez les habitants du district de Lûdiana, au pays de Pendjab, sur les rives de la Suttledje. Voici ce qu'ils racontent 2 :

Jadis régnait dans la cité aujourd'hui ruinée de *Sunet*, un monarque appelé *Radja Gond* ou *Punwar*, et qui traitait ses sujets avec la plus grande cruauté.

---

1 *Livre des rois*, chap. VI, p. 81 et suiv.
2 M. W. Talbot, *The district of Lûdiana*, p. 85 et suiv, du *Journal of the Asiatic Society of Bengal*, part. 2, n° 2 (Calcutta 1829).

Ce prince était affligé d'un ulcère; persuadé que l'emploi de la chair humaine pourrait seul le soulager, il ordonna que chaque maison lui fournît à l'occasion une personne à sacrifier.

Un jour, les nains envoyés par le tyran voulurent se saisir du fils unique, âgé de dix ans environ, de la veuve d'un brahme. Les larmes de la mère émurent un haut personnage du nom de *Schah-Oalb*. Après avoir vainement tenté d'attendrir les satellites, il fit le serment que nul d'entre eux ne rentrerait dans sa demeure. C'est ce qui eut lieu en effet. A peine les nains s'apprêtaient-ils à regagner Sunset que la ville disparaît à leurs yeux, sans qu'on sache ce qu'elle était devenue, non plus que le monarque Radjah-Gond: ce dernier trait pourrait bien faire allusion à un tremblement de terre par lequel la ville semble avoir été effectivement détruite.

En tout cas, on a droit de se demander s'il n'y aurait pas emprunt à nos livres saints et allusion au massacre des innocents ordonné par Hérode, dans cette histoire de la veuve dont les satellites du roi veulent prendre le fils.

Maintenant, que le mythe iranien soit passé jusqu'en Amérique, c'est ce qui nous paraîtrait difficilement contestable. Dans de précédents travaux, nous nous sommes efforcé d'établir sa ressemblance avec celui du Mexicain Quetzalcohuatl (1).

---

(1) *Djemschid et Quetzalcohuatl*, p. 203 et suiv. du tome IV des *Actes de la Société philologique*. *Djemschid et Quetzalcohuatl* extrait de la *Revue des traditions populaires*, tome VIII, n° 5 (Paris 1893). — *Le Folklore dans les deux mondes* chap. IX, p 337 en note, tome XXIII des *Actes de la Société philologique*, Paris 1894.

Et d'abord, nous constaterons une assez étroite affinité jusque dans les noms des personnages. Si *Yama* a parfois été traduit par « Jumeau », *Quetzalcoatl*, que l'on traduit littéralement par « Quetzal-Serpent », semble avoir, au fond, le même sens.

Effectivement, le *Quetzal* ou *Pharomacrus mocinno* est un magnifique oiseau des régions sud du Mexique. Son plumage d'un vert doré servait à fabriquer les parures les plus précieuses aux yeux des indigènes ; aussi prenait-on son nom comme synonyme de tout ce qui était remarquable par sa beauté ou sa valeur (1).

D'autre part, le terme de *cohuatl, coatl* ou « serpent » exprimait également, dans l'idiome des Aztèques, l'idée de jumeau, parce que ce reptile pond toujours, à ce qu'on assure, ses œufs par paire, contenant l'un un mâle, l'autre une femelle ; aussi, dans l'espagnol du Mexique, appelle-t-on, encore aujourd'hui, les jumeaux des *coates* (2).

En langage figuré et symbolique, *Quetzalcoatl* correspond donc exactement à nos expressions de « beau jumeau ».

Quoi qu'il en soit, ce personnage, d'abord adoré comme dieu de l'air, puis comme emblème de la civilisation des Toltèques occidentaux, finit plus tard par jouer un rôle anthropomorphique. C'est ainsi qu'il nous est donné tour à tour comme l'inventeur du calendrier, de l'agriculture et

1 M. le Dr E. SELER, *L'orfèvrerie des anciens Mexicains, etc.*, p. 111 du compte rendu de la 8e session du *Congrès des Américanistes*, Paris 1892.

(2 Veytia, *Historia antigua de Méjico*, t. I, cap. XIX, p. 191 et suiv. Mexico 1836.)

de l'art métallurgique (1), aussi bien que comme un réformateur religieux (2). Enfin, Sahagun et le Codex Chimalpopoca nous le représentent sous les traits d'un puissant monarque de Tollan, dont l'histoire rappelle en quelque sorte, trait pour trait, celle du plus illustre des souverains légendaires de la Perse.

Si les sujets de Quetzalcoatl ne nous sont pas représentés, ainsi que ceux de Djemschid, comme jouissant du privilège de l'immortalité, en revanche ils vivent du moins au sein de l'abondance et de la prospérité : comblés de richesses, ils n'avaient à craindre ni la famine ni la pauvreté. Ils étaient habiles surtout à découvrir les richesses minérales que la terre recélait en son sein (3).

Les magnificences du trône de Djemschid n'étaient égalées sans doute que par celles des quatre palais élevés par Quetzalcoatl, et où les marbres les plus précieux s'étalaient à profusion. Auprès d'eux, s'élevaient les quatre superbes temples dits *des émeraudes, de l'or, des coquillages et des turquoises.*

N'y aurait-il pas un souvenir des cinquante années de voyages du monarque persan dans le départ de Quetzalcohualt pour les régions de l'Est, après la mort de son

---

1 Mendieta, *Historia ecclesiastica*, lib. 2, cap. xix, p. 97 et 98 (Mexico 1870). — *Popol Vuh, le livre sacré*, trad. de l'abbé Brasseur de Bourbourg, introd. p. 84. Paris 1861. — *Le Folklore dans les deux mondes*, chap. xii, p. 344.

2. Ixtlilxochitl, histoire des Chichimèques, 1re partie, chap. 1er, p. 7 et 8 et dans le t. xii de la *Collection de voyages*, etc., par Ternaux Compans Paris 1840.

3. Sahagun, *Histoire générale des choses de la Nouvelle-Espagne* (trad. de M. le Dr Jourdanet), liv. 3, chap. iii, p. 278

père, assassiné à Cuitlahuac, et son retour à Panuco, quinze années plus tard ?

Enfin, nous rappellerons que le souvenir des sages dits *Amoxoaques*, littéralement « hommes du livre », de *amoxtli*, « liber », semble intimement lié à celui du premier Quetzalcoatl, le chef de la migration orientale à Panuco (1). Leur nom ne rappelle-t-il pas singulièrement celui des *amausians*, prêtres et docteurs de l'antique Iran ? Or, ce terme n'a point d'étymologie connue dans les idiomes ariens de la Perse ni, à notre connaissance, dans aucune autre langue indo-européenne. Peut-être bien est-il d'origines scythique ou touranienne, et nous nous demandons s'il est bien certain que sa ressemblance phonétique avec le mexicain *amoxtli*, *amoxoaque* soit purement fortuite ? Bien entendu, il ne saurait être question ici d'un emprunt fait par les peuples de l'ancien monde à ceux du Mexique ; mais serait-il déraisonnable de dire qu'il a bien pu appartenir au dialecte de quelque tribu de la haute Asie, qui l'aura introduit plus tard, d'une part en Perse, de l'autre dans le nouveau continent ?

Quoi qu'il en soit de ce problème, nous n'essayerons pas ici de le résoudre ; bornons-nous à faire ressortir que Quetzalcoatl, tout comme Djemschid, finit par devenir victime de la malice des mauvais génies : la chute de ces deux souverains fut, du reste, en grande partie, le résultat des fautes par eux commises.

---

1 *Ibid*, liv. 10, chap. IX, § 12, p. 674. — *L'historien Sahagun et les migrations mexicaines*, p. 57 et suiv. du n° de janvier-février de la *Revue normande et percheronne*. Alençon, 1897.

Trois magiciens du nom de *Vitzilopuchtli*, *Tlacahuepan*
et *Titlacahuan* entreprennent de jouer, auprès du roi pontife
des Toltèques, juste le même rôle qu'avaient rempli Zôhak
et Iblis vis-à-vis du prince iranien. Dans ce Titlahuacan,
notamment, l'abbé Brasseur reconnaît une personnification
de *Tezcatlipoca*, le plus grand des dieux du panthéon
Nahuatle et l'adversaire implacable de Quetzalcoatl. S'étant
travesti en vieillard à cheveux blancs, il se présente devant
ce dernier, malgré tous les obstacles, et sous prétexte de
lui administrer une potion destinée à le guérir de ses
infirmités, parvient à l'enivrer. « Or, la potion que but
Quetzalcoatl, nous dit Sahagun, était le vin blanc *de la
terre*, fabriqué du Maguey, qu'on appelle *teu-metl*
(agave divin) (1). »

D'après Veytia et le Codex Chimalpopoca, l'abbé
Brasseur raconte les faits d'une façon un peu différente ;
mais la ressemblance avec le récit persan s'y manifeste
toujours clairement (2). Huémac II, appelé aussi *Atec-
panecatl* ou *Tecpancaltzin*, prince renommé par sa
vertu et sa prudence et héritier légitime de Quetzalcohuatl
occupait alors le trône de Tollan. *Tezcatlipoca*, qui person-
nifie le culte sanguinaire de la race mexicaine, entreprend
de tendre un piège à ce monarque : il voulait obtenir
l'abrogation de l'ancienne loi portée par Quetzalcohuatl
et interdisant les sacrifices humains.

---

(1) *Hist. gén. des choses de la Nouv.-Espagne*, liv. III chap. 1ᵉ
(2) Veytia, *Hist. antig. de Méjico*, T. Iᵉʳ, cap. XXIX, p. 262 et suiv.
Codex Chimalpopoca, d'après l'abbé Brasseur de Bourbourg, *Histoire
des nations civilisées du Mexique*, etc. T. Iᵉʳ, chap. I, p. 341. (Paris
1857.)

« Faisons, dit le mauvais génie, de l'octli (vin d'agave), afin qu'il en boive ; par là il se perdra et cessera d'être un saint prêtre. » Une femme du nom de Mayaoël venait, effectivement, d'inventer cette boisson enivrante (1). L'homme qui avait trouvé le moyen d'augmenter la force du breuvage par l'emploi de certaines racines, était nommé Pantécatl, littéralement « habitant de Panuco ». La région où s'élevait cette cité passait, en effet, pour le séjour d'une race de grands buveurs. L'essai de la boisson fermentée fut fait dans un grand festin. L'un des convives appelé Cuextecatl, en ayant absorbé plus que de raison, s'enivra et se laissa voir à ses voisins dans un état peu conforme à la décence. On le chasse aussitôt, et il va sur le bord de la mer des Antilles fonder la nation des *Cuextecas* ou Huastèques, laquelle passait pour fort adonnée à l'ivrognerie, ainsi qu'à tous les autres genres de débauche (1). Cette légende établit, pour ainsi dire, le lien qui unit le récit persan relatif aux fondateurs de la nation kurde, dont il a été question plus haut, avec celui de la Bible concernant l'ivresse de Noë et la malédiction de Cham. Il arrive bien souvent, nous l'avons déjà fait remarquer, que les légendes américaines conservent un caractère plus archaïque que celles de l'ancien monde qui leur ont donné naissance (2).

Enfin, Tezcatlipoca vient à bout de pénétrer dans le palais du roi de Tollan, et, l'ayant enivré, profite de la circonstance pour immoler quatre victimes humaines.

---

(1) *Hist. des nations civilisées*, т. I, liv. I, p. 311. — *Hist. des choses de la Nouv.-Espagne*, т. II, liv. X, chap. XXIX, p. 12.

(2) *Le Folklore dans les deux mondes*, introd. p. 6 et chap. I, p. 22.

Huémac, oublieux de tous ses devoirs sacerdotaux, prend pour maîtresse la belle *Quetzalxochitl*, Fleur de Quetzal, fille du seigneur *Papantzin* (1) et qui aurait elle-même offert la coupe d'agave au prince. Il eut d'elle un fils appelé *Topiltzin* ou *Méconetzin*, « l'Enfant de l'agave ». La proclamation de ce dernier comme héritier du trône excite une révolte générale qui précède de peu la ruine de la monarchie. Cet événement se trouve annoncé par de terribles présages. Huémac épouvanté invoque Tlaloc, le dieu de la pluie et de la fécondité : « Tu m'as demandé, lui dit la divinité, que me veux-tu ? » Le prince ne témoigne de crainte que pour ses trésors et richesses ; il supplie Tlaloc de les lui conserver ; indigné de tant d'égoïsme, le dieu punit Huémac en frappant ses états d'une sécheresse qui dure quatre ou, suivant d'autres, six années, amenant à la suite la famine et une recrudescence de guerre civile. Beaucoup des partisans du prince Tollan sont sacrifiés sur les autels de Tezcatlipoca par une populace en délire. En vain, le monarque coupable essaye de fléchir le ciel par un repentir sincère ; ses crimes avaient lassé la patience divine, et il périt dans une grande bataille livrée contre les rebelles. Son fils, *Topiltzin-Acxitl-Quetzalcohuatl* lui succéda, et essaye de l'imiter dans son repentir après l'avoir imité dans ses crimes. Cette fois, un châtiment plus effroyable encore fond sur l'empire. La dernière heure de l'état toltèque a sonné, et la population, affreusement décimée, émigre dans la direction des quatre points de l'espace. A

(1) *Hist. des Chichimèques*, t. 1er, chap. 3, p 17.

peine quelques rares habitants restés dans leurs foyers, essaieront-ils plus tard, mais en vain, de restaurer l'ancienne monarchie.

Ajoutons qu'une autre tradition, restée plus primitive et, par suite, plus conforme à la donnée iranienne, nous représente Quetzalcoatl lui-même, et non pas son successeur Huémac, comme renversé du trône par Tezcatlipoca. L'infortuné monarque, expulsé de Tollan, se retire à Cholullan, où il exerce l'autorité souveraine pendant vingt ans. Chassé par le même ennemi de cette dernière cité, Quetzalcohuatl, ayant refusé de se défendre, part pour l'Orient et arrive sur les bords de la mer des Antilles. A peine arrivé à l'embouchure du Coatzacualco, il succombe à la fatigue et meurt (1).

Son corps est consumé sur un bûcher, ce qui nous rappelle un peu l'arbre où s'était renfermé Djemschid, et auquel on met le feu. L'on voit alors l'âme du monarque toltèque s'envoler des flammes sous forme d'un quetzal aux brillantes couleurs, lequel prend son vol vers l'empyrée.

Enfin, il est un passage du Ramayâna que nous mentionnerons ici avant de déposer la plume, parce qu'il nous rappelle étroitement, lui aussi, certaines particularités de la légende mexicaine relative à la ruine de Tollan.

Le poème hindou parle d'une sécheresse horrible qui désolait le royaume des Angas, en punition d'une faute commise par son monarque *Laumapâda:* on voit que le Ciel s'y prenait exactement de la même façon pour châtier

---

(1) *Hist. des nat. civil*, t. 1er, livre III, chap. 3, p. 311.

Huémac et le monarque hindou. Quoi qu'il en soit, il n'y avait qu'un moyen de combattre le fléau, c'était d'envoyer à la cour un jeune ascète de grande vertu nommé *Rishyaçringa*. Son père était le fameux *Vibhandâka* de la race de *Kaçyapa*. Sitôt ce jeune homme arrivé dans la capitale des Angas, une prophétie annonçait que la pluie tomberait à torrents. Le difficile, toutefois, c'était de mettre ce projet à exécution, car l on redoutait la colère du Rishi, père de Rishyaçringa. Voici quel parti fut adopté :

Des bayadères, les plus remarquables par leur grâce et leur beauté, sont embarquées sur des radeaux chargés d'arbres odoriférants, de boissons embaumées, de fruits pleins de saveur. Elles se tapissent parmi les lianes et les broussailles de la forêt, afin d'éviter la rencontre de Vibhandâka ; puis, sitôt ce dernier parti pour vaquer à ses œuvres de pénitence, elles se présentent devant son fils. Le poëte nous trace un long tableau des artifices qu'elles emploient pour séduire le jeune ascète ; elles lui font manger, à son insu, des confitures en forme de fruits, ce qui était interdit par sa règle ; ensuite, elles lui donnent un rendez-vous pour le lendemain. Au retour de son père, Rishyaçringa lui raconte tout ce qui avait eu lieu. « Les démons prennent une forme séduisante pour la ruine de la pénitence », lui répond le Kaçyapide. Néanmoins, les bayadères finissent par emmener le jeune ascète sur leur radeau fleuri, et, sitôt qu'il entre dans la capitale du royaume des Angas, voilà la pluie qui se met à tomber. Le vieil anachorète prend son parti de ces événements, dont il juge l'accomplissement voulu par les dieux. Laumapâda donne en mariage à Rishyaçringa, Cansa, fille de Daçaratha, roi d'Ayaudhyâ, qu'il avait adoptée. Ensuite, le jeune ermite se rend à la cour de ce dernier prince, dont le Ramayâna vante la gloire et la splendeur. Il était, nous dit-on, semblable aux quatorze dieux et très versé dans la connaissance des Védas; ses sujets coulaient leur vie au sein de la joie et de l'abondance: il n'y avait pas, ajoute la légende, d'homme si pauvre dans ses états qui ne possédât des pendeloques, son aigrette, ses bouquets de fleurs et des bijoux étincelants. Toutefois, ce monarque si méritant n'avait pas de fils. Sur l'avis de *Soumantra*, le plus sage de ses conseillers, il envoya quérir Rishyaçringa, qui, au moyen d'offrandes de beurre clarifié, obtint pour Daçaratha, la grâce d'avoir un enfant mâle (1).

Tout-ceci se retrouve, on peut le dire, mot pour mot dans le Codex Chimalpopoca. Nous avons déjà parlé de la sécheresse et de la famine envoyées par le ciel pour punir l'orgueil de Huémac. En vain, une petite pluie survenue vers la fin de la quatrième année avait-elle rendu quelque espoir aux populations; elle fut suivie d'une gelée si forte, qu'elle fit périr les plantations d'agave; on sait cependant que sur le plateau d'Anahuac, ce végétal résiste d'ordinaire aux plus grands froids.

Un *macéhual*, ou homme du peuple, qui se promenait aux environs de la lagune de Chapultépec, poussa jusqu'à la fontaine, alors tarie, qui se trouvait près le palais du roi et s'endormit. Il fut éveillé au milieu de la nuit par un bruit étrange et qui croissait d'instant en instant: c'était un filet d'eau transparent comme le cristal et qui s'échappait de la cavité du rocher. L'homme, au comble

---

(1) *Ramayana* trad. de M. H. Fauche, t. 1er, chap. VI, VIII, IX et X, p. 62 et suiv. Paris 1854.

de la joie, comprend que ses vœux ont été exaucés et que la sécheresse va finir. Se prosternant la face contre terre, il adore Tlaloc, dieu des pluies et de la fécondité. Relevant ensuite la tête, il aperçoit les Tlaloqués, génies qui accompagnent cette dernière divinité ; ils marchaient en file, cueillant des épis de maïs encore tendres, lesquels naissaient sous leurs pays. Un des Tlaloqués offrit un épi au macéhual, puis lui remit toute une gerbe avec ordre de la porter à Huémac. Aussitôt, le ciel se couvre de nuages ; l'on voit éclater un terrible ouragan qui annonce le retour de l'abondance et la fin, au moins momentanée, des calamités qui affligent l'empire. Sitôt que Huémac eut reçu la visite du pieux macéhual, il rentra en lui-même, se repentit de ses fautes passées, et se mit en devoir d'abdiquer le pouvoir suprême, afin de le transmettre à son fils Acxitl-Topiltzin (1).

Quoi qu'il en soit, la cruauté et la perfidie de Tezcatlipoca ne devaient pas rester plus impunies que celles de Zôhak : Nauyotl, le Feridoun de l'Anahuac, l'ayant vaincu dans une grande bataille, lui enlève le pouvoir avec la vie.

Comte DE CHARENCEY,

Membre de la Société française d'Archéologie,
Correspondant de l'Académie des Sciences, Arts et Belles-Lettres de Caen
et de la Société des Antiquaires de Normandie.

---

(1) *Hist. des nat. civil.*, t. Iʳᵉ, liv. IV, chap. II, p. 366.

CAEN — IMPRIMERIE CH. VALIN.